图书在版编目（C I P）数据

石韵千秋 / 毛建平主编 ; 徐高摄影. -- 北京 : 中国摄影出版传媒有限责任公司, 2023.9
ISBN 978-7-5179-1325-2

Ⅰ. ①石… Ⅱ. ①毛… ②徐… Ⅲ. ①石刻—鄞州区—南宋—摄影集 Ⅳ. ①K877.402

中国国家版本馆CIP数据核字（2023）第176177号

《石韵千秋》编委会

顾　　问　张世华
主　　编　毛建平
副 主 编　钱秀娴
摄　　影　徐　高
文　　字　成　风　李本侹
设　　计　夏　怡
封面题字　张忠良
封底篆刻　史晓卿

《石韵千秋》

主　　编　毛建平
摄　　影　徐　高
策划编辑　李丽丽
责任编辑　宋　蕊
出　　版　中国摄影出版传媒有限责任公司（中国摄影出版社）
地址：北京市东城区东四十二条48号　邮编：100007
发行部：010-65136125　65280977
网址：www.cpph.com
邮箱：info@cpph.com
印　　刷　宁波白云印刷有限公司
开　　本　889X1194　1/8
印　　张　9
版　　次　2023年09月第1版
印　　次　2023年09月第1次印刷
ISBN 978-7-5179-1325-2
定　　价　680.00元

石韵千秋

毛建平/主编
徐高/摄影

中国摄影出版传媒有限责任公司
China Photographic Publishing & Medlia Co., Ltd.
中国摄影出版社

序言

唐至宋是我国社会经济快速发展，文化渐趋定型的一个具有转折意义的时代，而有鄞一地的兴起和迅即繁华大体也在这两代。

宁波位于东海之滨，秦汉时期隶属于会稽郡，唐武德四年（621）改为越州，长期作为越州的属县而存在，当时分设为鄞、鄮、句章三县，到唐开元二十六年（738）才从越州划出，单独设为明州。北宋时，明州领县六，鄞县为附郭县。南宋绍熙五年（1194），以宋宁宗潜邸，明州升为庆元府。行政区划的这一升格，说明了以三江平原为中心的宁波地区在唐宋之际从滨海小邑快速地发展为东南名郡，到南宋更被列为辅郡的重要地位，同时也见证了这一时期鄞地社会全方位蓬勃发展和欣欣向荣的历史景象。其时鄞人安居乐业，人口迅涨，生产力提高，以信仰、伦理道德为基本支撑的社会结构，以及守己律己、勤劳致富、光宗耀祖的人生执念，以晴耕雨读的教育和功名追求的理念，互惠平等的经商原则等构成的文化内涵都极具社会发展的原动力和深刻意义。有鄞一地社会的显著进步，乃至超越前代，文化基本框架的形成，都可以追溯到宋代。因此，我们对宋韵文化的探究具有极其深刻的意义。

鄞州的宋韵文化禀赋厚重，既有影响重大的人和事，也有内涵深厚的物，跨越时代的魂。近年来，宋韵文化研究在鄞州持续深入，许多学者、专家从历史的追溯到延伸，从内涵的挖掘到现实应用都提出了许多建议和切实的方案，而首先要做的是谋布局、推项目，使宋韵有形。搜集和整理相关的文献资料，加强鄞州宋韵文物的保护、开发和利用，把与鄞州有关的宋韵文物名录建成一个大数据库的工作也被提上了日程。《石韵千秋》就是在这一思想指导下着手开始工作的。《石韵千秋》旨在以鄞州大地上现今仍留存的宋代石雕为题材，用摄影图像的形式进行呈现。鄞州的南宋石质雕刻遗存十分丰富，而鄞州的环东钱湖南宋石刻规模之大、数量之多、雕刻之精、分布之集中、保存之完美，在中国尚属唯一。其中融古代哲学、美学、生态学等于一炉的石刻艺术精品，当推南宋时期“一门三相”的史氏望族墓道石刻群为最，它包括宋冀国夫人叶氏太君墓道、宋太师越国公史诏墓道、宋太师齐国公史渐墓道、宋卫国忠献王史弥远墓道等。据记载，南宋的帝王一直梦想有朝一日能够收复北地，故死后只在绍兴作了厝葬，王陵墓道相对简易。因此，东钱湖南宋石刻群竟是连南宋古都临安都没有的如此完整的历史遗留，彰显了宋王朝全盛时期雕刻艺术的精华部分，为人们提供了丰富的历史文化信息，不仅具有石雕艺术鉴赏价值，而且对研究南宋时期的各种社会背景也有重要的参考意义。另外，同一时期的石牌坊、石塔、石鼓、石碑、石桥、摩崖石刻、寺院石经幢等在鄞州都有现存。东钱湖南宋石刻具有鲜明的艺术特征，在雕刻工艺上都不留刀凿痕迹，追求一种既流畅又细腻的效果；石像的细节综合运用高浮雕、镂雕、透雕等多种技法，给人以逼真的厚重感；而线条又忠于造型，装饰巧在突破，在真实之中又有洗练的概括，简中存繁，简洁直白而让人回味。东钱湖南宋石刻的石材，基本上为梅园石或者光溪石。这两种石材都出产于鄞地境内，质地细腻，适于细部雕刻，是当时民间主要的建筑石材。这些历史的见证历尽沧桑，像凝固的音乐，散发着传统文化的不朽魅力。

《石韵千秋》创作团队的艺术家和文史专家强强联手，在近两年的时间里进行了资料搜集、名录删选、实地勘察和拍摄，以及后期的修订和编辑等工作，为鄞州的宋韵文化铺展结结实实地添了砖、加了瓦，他们的辛勤付出值得称赞。

鄞州是宋韵文化的聚集区，汇聚了大量文化遗产，也是大运河和海上丝绸之路的启航地。这些有着宋韵文化的记忆，具有全国性的文化影响，涉及全国重点文物保护单位 4 处 9 个点。因此宣传和提高鄞州宋韵文化的辨识度，也是我们的一个重要工作。

祝贺《石韵千秋》出版发行！让我们共同努力，弘扬宋韵文化，打造新的鄞学时代！

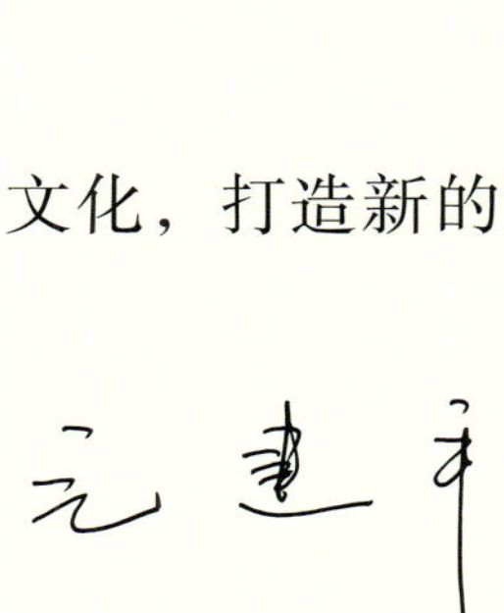

2023 年 10 月

目录

南宋石刻公园	1
史渐墓道石刻	31
文臣和武将石像生	39
燕子窝墓道石刻	41
余天任墓道石刻	51
叶氏太君墓道石刻	57
水坤潭墓道石刻	61
史弥忠墓道石刻	63
史诏墓道石刻	69
世忠寺山前墓道石刻	77
史氏墓前石刻	83
仇悆墓道石刻	85
王坟畈墓道石刻	93
天童寺唐忝塔院石刻	97
石马弄墓道石刻	103
木圆墓道石刻	105

横街墓道石刻 107

史浩神道碑 109

补陀洞天石窟 113

二灵塔 117

妙喜泉铭 121

徐氏夫人墓志铭 123

妙光塔铭 125

宏智禅师像碑 127

天童森林公园摩崖石刻 129

庙沟后石牌坊 131

横省石牌坊 133

阿育王寺石刻 135

大慈寺石刻 139

史氏宗祠石鼓 140

天童寺石鼓 140

南宋石刻公园

南宋时期，东钱湖史氏家族有“一门三宰相，四世两封王”“满朝文武，半出史家”之称。史氏在东钱湖周边山林间择地建墓，由此形成了以史氏家族墓为代表的东钱湖南宋贵族墓葬群，其规模之大、数量之多、雕刻之精、分布之集中、保存之完美为全国所罕见。

墓及附属建筑多已毁坏，墓道两侧石羊、石虎、石马、武将、文臣等石像生保存至今，伴有神道碑、牌坊、石笋、石椅、石鼓等。这些石刻比例适度，雕刻写实，

造型准确，气势非凡，填补了我国南宋时期雕塑史、美术史、考古史等诸多领域的研究空白。

由于各种原因，为便于管理，1999 年起，相关部门陆续将各处零散石刻迁移集中在东钱湖下水村黄梅山下，并以南宋史渐墓道、史曼卿墓道，明代包桢墓道为基础，建成南宋石刻公园。公园内展出有南宋以来各类石刻约 200 件，成为了解宋朝石刻的重要场所。

此匹石马发现于东钱湖镇高钱村，为一件半成品，现存南宋石刻公园。此石马的发现，佐证了南宋时期东钱湖区域墓道石像生是在原石料产地进行粗加工，再运到墓地进行精细雕凿的。

史渐墓道石刻

史渐墓道位于南宋石刻公园内，坐北朝南，据史料记载，史渐墓道约建于南宋绍熙五年（1194），原存石刻文臣一对、武将一对、石马一对、石虎一只、石羊一只、石鼓残件一对，是整个东钱湖区域中墓前石刻原地保存较为完整的一组。建设南宋石刻公园之际，新增石鼓一对、石牌坊一座，并将原有石羊和石虎替换为周惠墓前石羊、石虎各一对，基本复原了南宋时期东钱湖区域贵族墓葬原有的整体规制和风貌。该墓道于 2001 年被公布为全国重点文物保护单位。

史渐（1124—1194），字进翁，号东皋，浙江鄞县（今鄞州区）人，南宋宰相史嵩之的祖父，封赠太师齐国公。

文臣和武将石像生

此对文臣和武将石像生，高约 2.5 米，体形硕大、比例适度、雕刻精细、神态逼真、保存完好，是东钱湖南宋墓道石像生中的精品之作。宁波博物院筹建之初，曾向南宋石刻公园借此像展出，此对石像生现陈列于宁波博物院。

燕子窝墓道石刻

燕子窝墓道位于东钱湖镇横街村吉祥安乐山燕子窝，坐北朝南，墓前石刻原地尚存文臣一对、武将一对、石马一对、石虎一对。这些石刻雕刻精细入微、栩栩如生、保存完好，是东钱湖墓道石刻群中保存较为原始的一处。该墓道于 2001 年被公布为全国重点文物保护单位。

自史浩之父史师仲葬于吉祥安乐山后，史浩本人及其子孙六代大都葬于此地，然墓主失考。

余天任墓道石刻

余天任墓道石刻位于东钱湖镇高钱村青雷山北坡，主墓坐西朝东，墓道由南北转向东西，大致呈“L”形，墓道上尚存石刻文臣一对、武将一对、石马一对、石羊一只，雕刻形象生动，保存基本完好，是东钱湖墓道石刻群中保存较为原始的一处。该墓道于 2001 年被公布为全国重点文物保护单位。

余天任，字子大，自号退斋，浙江昌国（今舟山市）人。官至南宋刑部尚书、兵部尚书，卒后受赠少保、楚国公。

叶氏太君墓道石刻

叶太君墓位于东钱湖镇西村长乐里山南坡，墓朝东南。据资料记载，该墓始建于北宋年间，史浩任宰相时，又重修此墓，补添石像生，是东钱湖区域中营造时间最早的墓道之一。民国年间，史氏后人又将他处墓道石刻迁入。现存墓道依次对称分布石笋、石羊、石虎等 6 对石像生，其中的一对石笋是东钱湖区域墓道石刻中保存最完整的一组。该墓道于 2001 年被公布为全国重点文物保护单位。

叶氏太君(1033—1118)，浙江慈溪人，南宋宰相史浩的曾祖母，受赠冀国夫人。

水坤潭墓道石刻

水坤潭墓道位于东钱湖镇横街村吉祥安乐山北岙岭水坤潭，坐东南朝西北，现存石刻文臣一对、武将一对、牌坊柱两根等，是东钱湖墓道石刻群中保存较为原始的一处。

自史浩之父史师仲葬于吉祥安乐山后，史浩本人及其子孙六代大都葬于此地，然墓主失考。

史弥忠墓道石刻

史弥忠墓道位于五乡镇联合村省岙自然村王坟山，坐北朝南，现存石刻文臣一对、武将一对、石马一对和石羊一只。这些石像生比例匀称，表情逼真传神，是东钱湖区域墓道石刻重要的组成部分。

史弥忠（1161—1244），字良叔，浙江鄞县（今鄞州区）人。其为宰相史嵩之的父亲，受赠少师，郑国公。

史诏墓道石刻

史诏墓位于东钱湖镇绿野村响铃山南坡，坐南朝北，依山而建，现存石刻有石椅一把、文臣一对、武将一对、石马一对、石虎一对、石羊一对。其中的石椅被誉为“天下第一椅”。该墓道是东钱湖区域中墓道石刻保存最完整、营造时间最早的墓道之一。该墓道于 2001 年被公布为全国文物保护单位。

史诏（1057—1129），字升之，浙江鄞县（今鄞州区）人，南宋宰相史浩的祖父，其后代“一门三宰相，四世两封王”，累封太师、越国公。

世忠寺山前墓道石刻

世忠寺山前墓道位于东吴镇南村世忠寺山西北侧，现存石像生：文臣一对、武将一对、牌坊柱两根等，造型比例适度，线条流畅、精美传神。该墓道是东钱湖区域中墓道石刻原址保存较为完好的一处。

世忠寺山周边也是史氏家族墓葬集中的区域，然墓主失考。

史氏墓前石刻

东吴镇南村世忠寺山一带也是史氏家族墓葬集中的区域，已知这里有南宋兵部尚书史弥坚墓、税务提领史文孙墓等贵族墓。其中南宋石牌坊及神道碑赑屃位于山下原主路上，惜已毁坏，仅存残件，墓主无考。

仇悆墓道石刻

仇悆墓道位于东钱湖镇上水村沙家山西井畈，坐东北朝西南，现存石像生：武将一对、石马一对、石虎一对，雕刻精细，粗壮雄健，是东钱湖墓道石刻群中保存较为原始的一处。

仇悆（？—1134），字泰然，山东益都（今青州市）人，北宋大观三年（1109）进士，两知明州（今宁波）兼制置使。

王玟畈墓道石刻

王玟畈墓道位于东钱湖小慈山东麓，坐西南朝东北，依山而建。原有规模宏大，惜损毁严重，石像生已不存，墓地各类石构件散落山麓。其石刻雕刻精美、写实逼真，造型、纹饰具有南宋时期石刻的典型风格。墓主一说为南宋宰相史弥远之母周惠。

天童寺唐岙塔院石刻

天童寺唐岙塔院位于东吴镇天童村唐岙左陇，发现于2019年初，经调查清理，发现了北宋至民国时期天童寺的12位重要住持禅师塔、普同塔等遗迹及相关石构件。其中，北宋可齐禅师塔保存最为完好，其用材精良、造型规整、雕刻精美、技艺高超，是北宋时期禅师卵塔的典型代表。

宋可齊禅師之塔

宋利章禪師之塔

石马弄墓道石刻

石马弄墓道石刻位于东钱湖镇横街村吉祥安乐山，依山而筑，大致呈东西走向。现存石羊一只、石虎两只、石马两匹、武将一尊、文臣一尊、牌坊柱一对等，多有残损。该处墓道石像生后期多有搬移，仅牌坊柱仍在原址。自史浩之父史师仲葬于吉祥安乐山后，史浩本人及其子孙六代大都葬于此地，然墓主失考。

木圆墓道石刻

木圆墓道位于东钱湖镇横街村吉祥安乐山木圆竹林深处，坐西南朝东北，现存石刻文臣一尊、武将一对，由太湖石所刻。

自史浩之父史师仲葬于吉祥安乐山后，史浩本人及其子孙六代大都葬于此地，然墓主失考。

横街墓道石刻

横街墓道石刻原散见于东钱湖横街村村中，村庄整体拆迁后，由文物部门集中收集，现放置在东钱湖慈云寺旁山脚。其最初来源无考。此处现存石虎一对、石羊一对，以及其他石构件。这里的石像生体态较小，生动可爱，也是东钱湖墓道石刻的重要组成部分。

史浩神道碑

史浩神道碑位于东钱湖镇横街村吉祥安乐山北岙岭，赑屃正对史浩墓道口，原上承巨碑，碑高约 4.3 米，宽约 2 米，碑额为宋宁宗亲书“纯诚厚德元老之碑”，碑文为楼钥所撰，全文约 7000 字。此碑现已仆地断裂，碑文残损严重。

史浩（1106—1194），字直翁，浙江鄞县（今鄞州区）人，南宋宰相、太师，去世后被先后追封为会稽郡王、越王。

补陀洞天石窟

补陀洞天石窟位于东钱湖镇霞屿山霞屿寺内，据《东钱湖志》记载，这里是南宋史嵩之和其弟史岩之为孝其母拜佛，仿普陀山湖音洞所凿。山洞于 1978 年被无意中发现，洞内大致呈东西走向，中间高、两端低，全长约 40 米，保存完好。该洞洞口朝南，门楣上刻有隶书洞名。洞内中段向南又凿出一个山洞，深约 3 米，刻有观音、云龙、韦驮、佛台等形象，四壁凿成假山造型，玲珑剔透。此洞中之雕刻细腻、形象逼真、动感十足，充分体现了南宋时期鄞地雕刻艺人的高超水平。

補

補陀洞天

增福增慧
舍一得万

二灵塔

二灵塔位于东钱湖二灵山之巅，该塔为正方形楼阁式石塔，四面七层，总高约 10 米。塔身中空，底座为石砌台基，南面为塔门，其余三面塔壁券龛内浮雕金刚，塔身各层壶门式券龛内均浮雕有佛像。

据塔身底层的刻字记载，该塔始建于北宋政和年间（1111—1118）。二灵塔古朴雅致，保存较好，于 1997 年公布为省级文物保护单位。

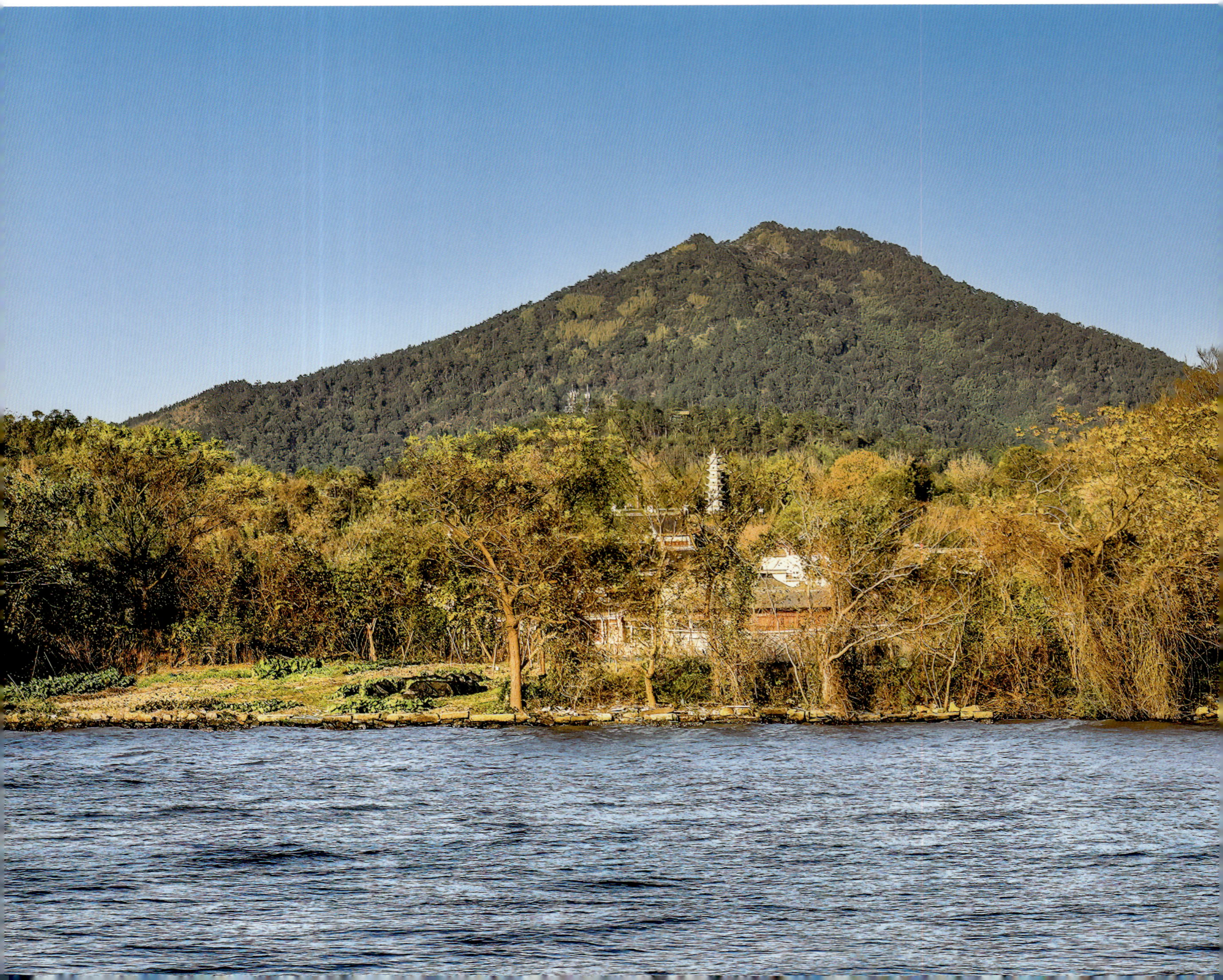

妙喜泉铭

碑存于五乡镇阿育王寺残碑廊，碑阳为《唐阿育王寺常住田碑》，《妙喜泉铭》刻于碑阴。碑高 260 厘米，宽 122 厘米。碑中前文由南宋礼部侍郎、理学家张九成所书，全文记述了阿育王寺住持、南宋时期著名高僧大慧宗杲开凿妙喜泉之事。其后文为大慧宗杲所书偈句。该碑保存完好，具有较高的书法艺术价值和文献史料价值。

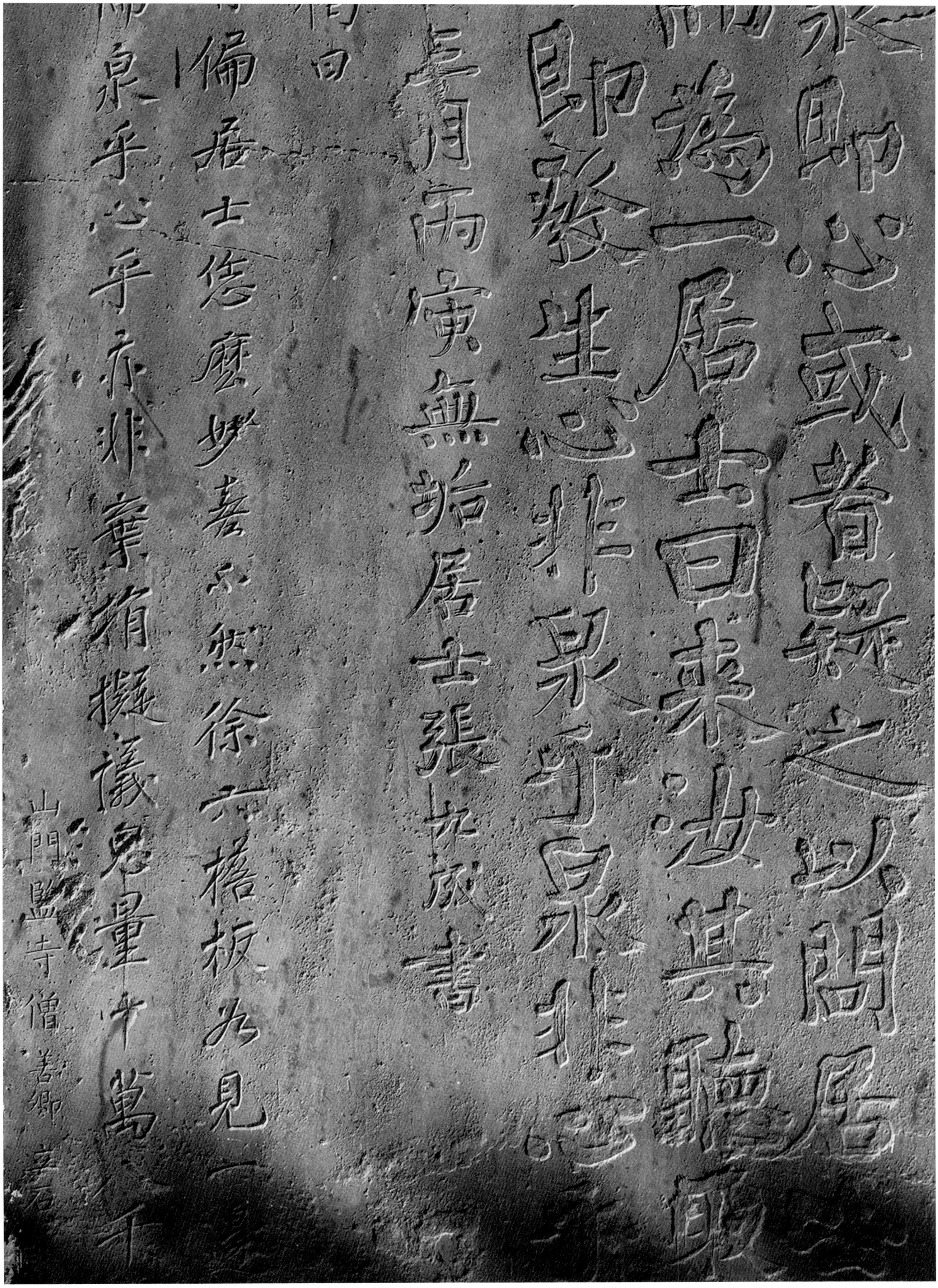
是月丙寅無始居士張九成書
山門監寺僧善卿立石

徐氏夫人墓志铭

徐氏夫人墓志铭早年出土于史诏墓内，于北宋宣和五年（1123）所刻，现存东钱湖镇绿野岙村文化礼堂。墓志基本保存完好，87 厘米见方，墓志盖断裂残缺。

徐氏夫人为南宋宰相史浩之祖母，其后代“一门三宰相，四世两封王”，受赠越国夫人。

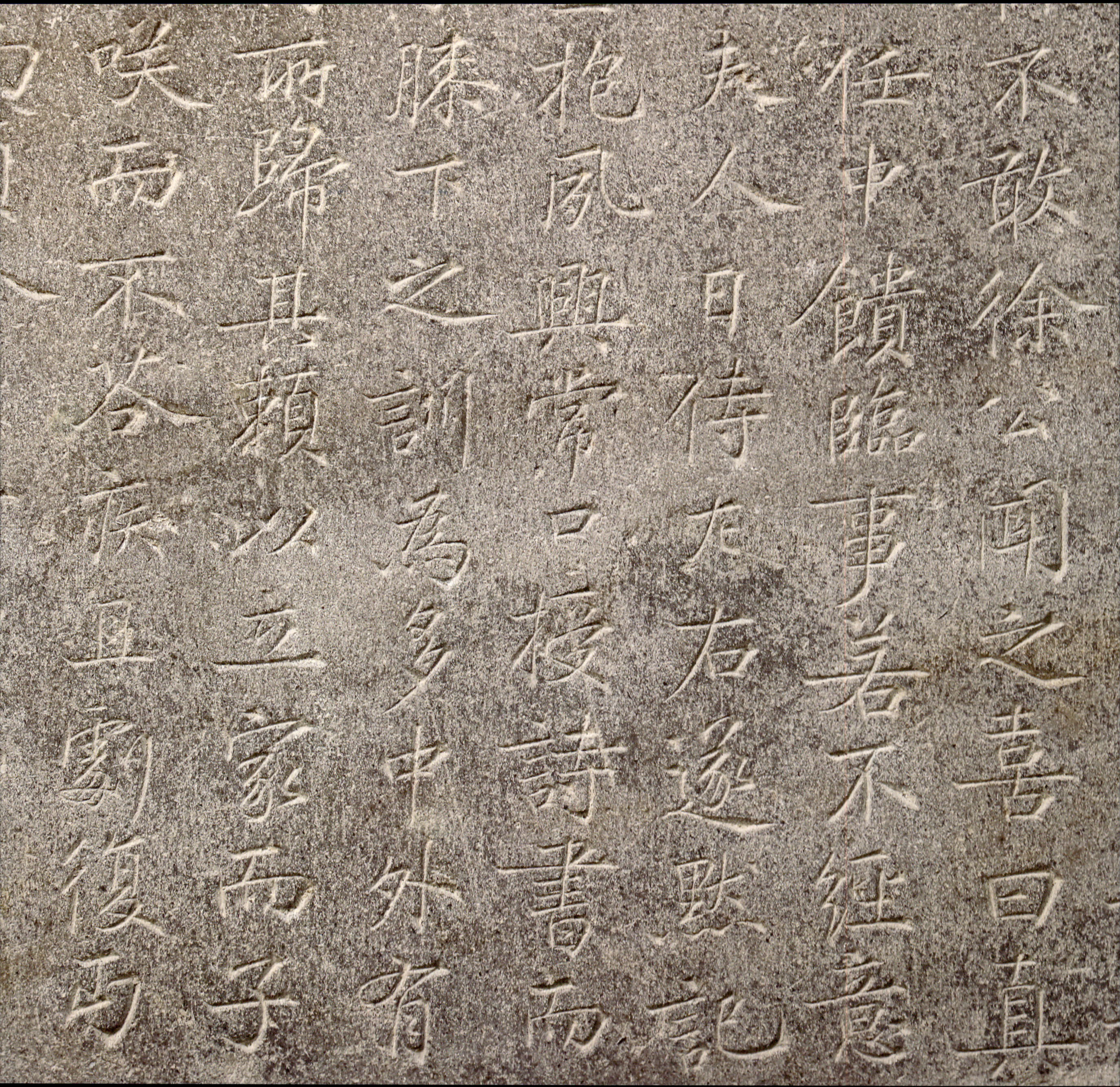
不敢徐公聞之喜曰真
任中饋臨事若不經意
夫人日侍左右遂默記
抱夙興常口授詩書而
膝下之訓爲多中外有
所歸且賴以立家而子
喉而不荅疾亟劉復而

妙光塔铭

妙光塔铭全称《宋故宏智禅师妙光塔铭》，碑存于东吴镇天童寺古天童，即宏智正觉塔院旧址。此碑高 288 厘米，宽 128 厘米，刻于南宋绍兴二十九年（1159），由参政知事周葵撰文、参政知事贺允中篆额，南宋状元、爱国词人、书法家张孝祥所书，著名刻碑家族陈氏所刻，有“四绝碑”之称。碑文记述了南宋著名禅师宏智正觉的生平及塔名的由来。此碑具有极高的历史和艺术价值。

宏智禅师像碑

宏智禅师像碑亦称“东谷无尽灯碑”。此碑存于东吴镇天童寺祖师室，刻于南宋绍兴二十八年（1158）。碑阳下部为南宋著名禅师宏智正觉像，上部为南宋著名禅师大慧宗杲所书像赞。碑阴所刻为信众捐钱在宏智塔前置无尽灯之明细。此碑原为宏智塔前所立碑之一，是少见的南宋时期画像碑，此碑又与两位南宋时期重要的禅师相关，因此具有重要的文物价值。

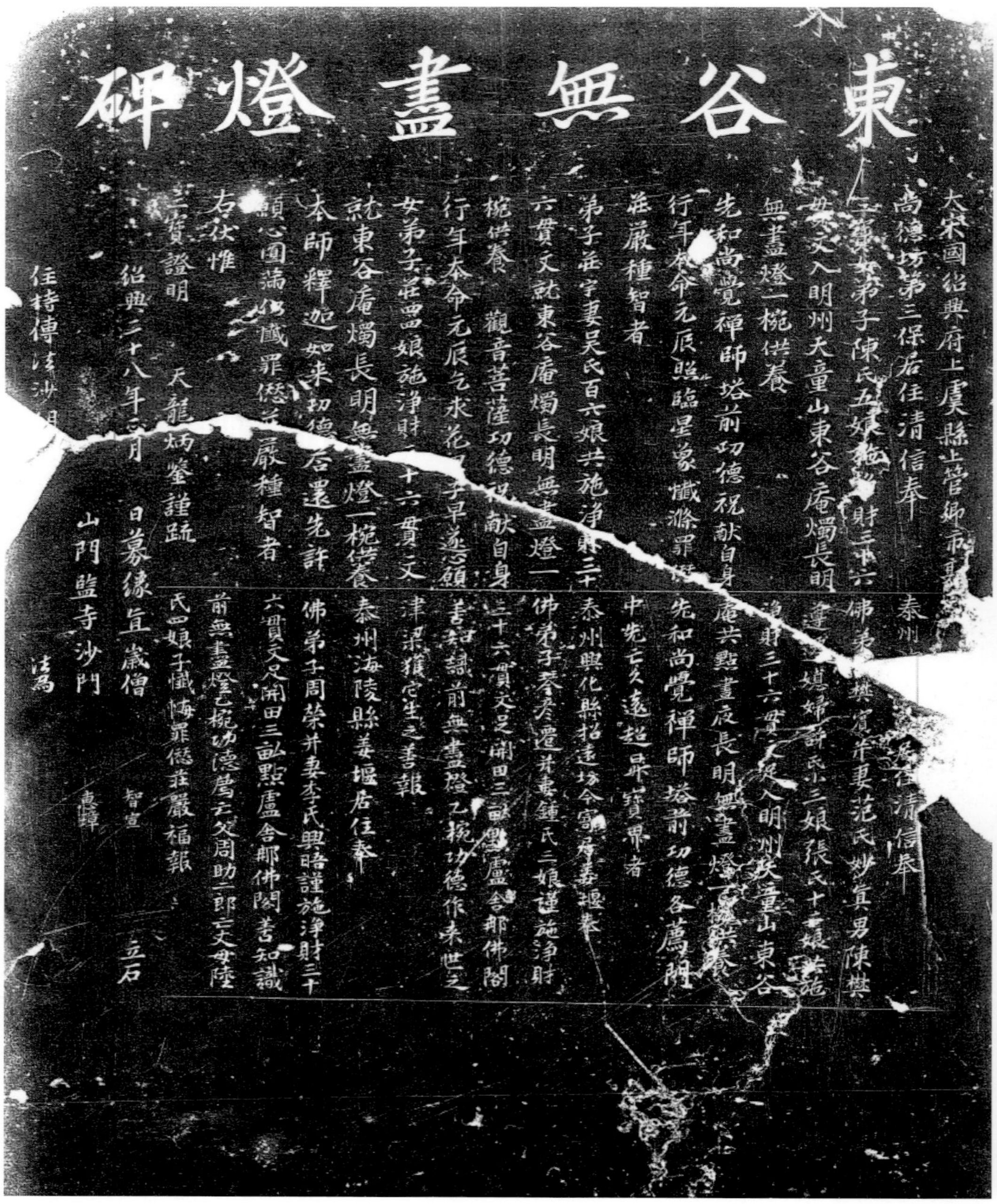

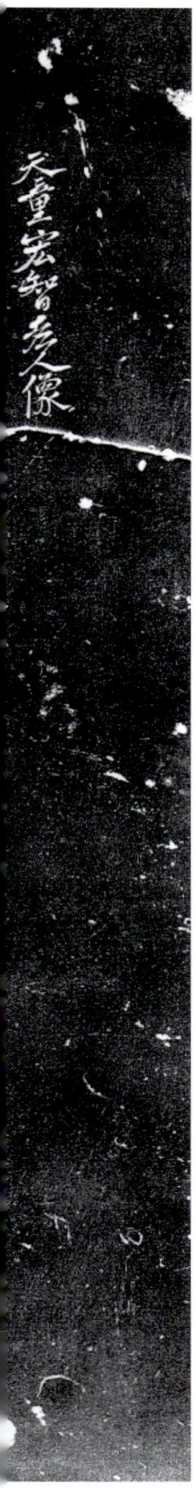
天童宏智老人像

東谷無盡燈碑

天童森林公园摩崖石刻

天童森林公园摩崖石刻位于东吴镇天童森林公园悟心洞天然台，于 2021 年被发现。该石刻由 3 块南宋时期纪游摩崖组成：其一在悟心洞洞口上方，为朱嘉学生林贯之等人在南宋庆元三年（1197）所刻；其二在洞口右侧，为南宋时期宁波府学教谕伍子献等人在南宋宝庆年间（1225—1227）所刻；其三在洞口右下侧，为陈克甫等人在南宋嘉定三年（1210）所刻。这一南宋摩崖群的发现，对于研究区域书法史、旅游史等具有重要的意义。

庙沟后石牌坊

庙沟后石牌坊位于东钱湖镇韩岭村庙沟后山南坡，坐东朝西，原系宋代贵族墓道牌坊，墓主无考，墓穴及墓道也已无存。

该牌坊是一座仿木结构两柱一开间歇山顶石牌坊，其做法与宋《营造法式》基本吻合，又保留了南方建筑特征，是我国木坊向石坊转型时期的重要实例。该牌坊于 2001 年被公布为全国重点文物保护单位。

横省石牌坊

横省石牌坊位于五乡镇联合村省岙自然村之村仙人山东坡，坐西向东，原系宋代贵族墓道牌坊，墓主无考，墓穴及墓道也已无存。

该牌坊基本结构与庙沟后石牌坊类同，不同处在于阑额下移，插入柱身，无普柏枋，华栱用插栱，阑额上刻出“七朱八白”式样的长方形凹槽等，该牌坊为我国目前已知年代最早的石牌坊，于 2001 年被公布为全国重点文物保护单位。

阿育王寺石刻

阿育王寺始建于晋太康三年（282），因寺中藏有佛舍利而闻名天下。寺中舍利塔前庭保存有一块施舍台残件，呈六边形，6 个角各有一力士肩负起凿刻成自然山形的台体，台面则刻满海水托日纹、海水海马纹等纹饰，该石刻雕刻精细，寓意美好，展现了宋代以来鄞地雕刻师精湛的雕刻技艺。

大慈寺石刻

大慈寺位于东钱湖镇大慈山下，始建于南宋绍兴二十年（1150），被南宋宰相史弥远请为功德寺，一时成为名刹，高僧汇集，其影响波及海外。大慈寺历代屡毁屡建，至今仍存。寺中存有一件南宋时期的石香炉，造型写实，雍容典雅。

史氏宗祠石鼓

史氏宗祠石鼓现存于东钱湖镇下水村史氏宗祠前，仅存一只。鼓面两侧平整，下部雕刻云纹，使其呈现“祥云捧日”的意境，气韵生动，是南宋时期石鼓雕刻的经典之作。

天童寺石鼓

天童寺始建于晋永康元年(300)，是全国著名寺院，有“东南佛国”之誉。天童寺石鼓现存于东吴镇天童寺法堂前，为一对南宋时期石鼓，其鼓面一侧刻浮雕菊花纹，另一侧刻螺旋纹，华丽而不失庄重，质朴而不失典雅，是南宋时期石鼓的典型代表。